क्षितिज के पार

सुमन शुक्ला

INDIA • SINGAPORE • MALAYSIA

ISBN 979-8-89929-085-5

सुमन शुक्ला

जन्म स्थान पहाड़ पुर बख्शी का तालाब लखनऊ उत्तर प्रदेश
मायका हरदोई उत्तर प्रदेश
शिक्षा स्नातकोत्तर अर्थ शास्त्र
बी एड
ससुराल एवं वर्तमान निवास लखीमपुर खीरी उत्तर प्रदेश
प्रकाशित काव्य संग्रह गीत मेरे बंजारे

भूमिका

क्षितिज के पार, सिर्फ एक काव्य संग्रह ही नहीं अपितु मानव मन की असीमित भावनाओं की एक अनूठी यात्रा है।

जीवन के उतार चढाव, उत्तरदायित्वों की आपधापी में चलते चलते जब मन एकाकी हो जाता है, और जाग उठता है कोमल मन में सोया हुआ कवि! तब जन्म लेती हैं ऐसी कविताएं।

सुमन जी की ये रचनाएँ प्रतिबिम्ब हैं संवेदनाओं का, उत्तर हैं अनेक अनबुझे प्रश्नों का और झलक हैं जीवन पथ की अनेक यादों की।

हरेक रचना अपने आप में गाथा है, भाषा में सौंदर्य है, कोमल मन के अहसास हैं।

सुमन जी ने इस संग्रह को पूज्य दादा श्री विनोद तिवारी जी को समर्पित किया है, जो कि स्वयं एक महान कर्मयोगी हैं। उन्हें सादर नमन करते हुए सुमन जी को इस कालजयी रचना के लिए हार्दिक बधाई एवं शुभकामनायें।

शशांक शुक्ला
भोपाल मध्य प्रदेश

जब मैं सुमन की कवितायें पढता हूँ तब मेरे मन में एक अचम्भा होता है! सोंचता हूँ कि क्या यह वही बच्ची है जिसे मैं अपने साथ साइकिल पर बिठा कर हरदोई शहर की सड़कों की सैर कराता था?

आज वह इतनी प्रभावकारी कविताएं लिख रही है जो किसी का भी मन लुभा ले। सुमन की कविताओं में अनुभूति और अभिव्यक्ति - दोनों ही सशक्त हैं। अनुभूति तो ऐसी कि जिससे लगे कि उसने जीवन को बहुत निकट से देखा है और हर रूप में परखा और समझा है। अभिव्यक्ति में तो सुमन अत्यधिक प्रवीण है। उसकी कविताओं में छवि चित्रण इतना सजीव है कि कविता चित्रपट बन कर आँखों के सामने उभर आती है। शब्द संयोजन इतना सुन्दर कि एक शब्द भी बदला नहीं जा सकता। जैसा मिर्ज़ा ग़ालिब ने लिखा है, "हज़ार मायने का तिलिस्म उसको समझें, जो लब्ज़ भी ग़ालिब मेरे अशआर में आया»। यही तिलिस्म सुमन के शब्दों में भी है। प्रत्येक शब्द के अनेक अर्थ किन्तु प्रत्येक अर्थ में एक कहानी है। पूरी कविताओं से मानवीय संवेदनाएं और भावनाएं ऐसी प्रवाहित होती हैं जो किसी का भी मन झझकोर दे।

सुमन की कविताओं के इस संग्रह के लिए शशांक ने इतनी सुन्दर भूमिका लिखी है कि इसके आगे कुछ कह पाना कठिन है। शशांक स्वयं एक कुशल कवि है, इसलिए उनके कथन का विशेष महत्व है। मेरी ओर से सुमन को इस सुन्दर काव्यसंग्रह के लिए बधाई और है यह आशीर्वाद कि उसकी काव्य कला

और विकसित हो और वह स्वयं अपने नाम की तरह सुमनित
रहे, खिली रहे। इसी भावार्थ पर प्रस्तुत है मेरी यह चतुष्पदी

तुम गगन की तारिका सी।
चाँद की अभिसारिका सी।
काव्य का आशीष तुमको,
तुम बसन्ती पुष्पिका सी।

(विनोद तिवारी)
बोल्डर, कोलोराडो
संयुक्त राष्ट्र, अमेरिका.

समर्पण

क्षितिज के पार सर्वप्रथम समर्पित सप्तपदी के साथ अपने जीवन में ला कर हमेशा ही साथ देने वाले मेरे वह जीवन साथी अनिल जी जो अनन्त में जा कर आज भी अपनी उपस्थिति दिखा रहे हैं।

मेरी क्षितिज के पार पुस्तक मेरे गुरु,अग्रज भ्राता, मित्र विनोद तिवारी जी एवं भोपाल निवासी आदरणीय श्री शशांक शेखर शुक्ला जी जो अनजाने ही मेरे साहित्यिक मित्र हैं को, जिन्होंने अपने अमूल्य समय में से समय निकाल कर इस पुस्तक को मूर्त रूप दिया। एक ऐसा मूर्त रूप जिसमें मुख्य पृष्ठ से लेकर सजाने संवारने का भी कार्य किया।

इस के साथ ही मुझे अत्यन्त प्रसन्नता है कि मैं अपने अग्रज डाक्टर विनोद तिवारी जी को एक छोटा सा यह उपहार क्षितिज के पार उनके पच्चासीवीं वर्ष गांठ पर दे सकने में सफल हो पा रही हूं। दादा आप को मेरी भी उमर लग जाये!!!!!

मुझे व्याकरण में कविता के लिये गीत, छंद, ग़ज़ल, रुबाई नहीं पता,बस मेरी भावनाएं शब्दों का रूप ले लेती हैं। इस लिये आप सभी सुधी पाठकों से विनम्र निवेदन है कि इस संग्रह में जो भी निहित है उन्हें भावनाओं के रुप में ले कर ही दिल में सहेजिये न कि व्याकरण की समीक्षा हेतु। कुछ है इसी के लिये कि

फूल पातों से नहीं रंग से चुना जाता है
भोर हाथों से नहीं तम से बुना जाता है
प्राण की पीर पुकारों से जगाने वालों
गीत कानों से नहीं दिल से सुना जाता है

हां सुधी पाठकों यह भी कि

जब तक न दिल में टीस हो और लफ्ज़ों पे कंवल
समझो न जनाब क़ाफ़िया,रदीफ़ को ग़ज़ल

हार्दिक आभार सहित
सुमन शुक्ला

क्षितिज के पार

जब जीवन में जा रही मैं
क्षितिज के उस पार
फिर इन घटनाओं से
डरना कैसा
किस बारिश से घबराना
सुनो ना
हटा दो इस छाते को
मैं खोज रही
जीवन की पटरी पर
एक नया अहसास
क्षितिज के उस पार
पहुंचने का अहसास!!!!

सुनो ना

सुनो ना!!!
इतना भी क्या उड़ना,
तुम अनंत में ताला लगाओगे?
अपनी इन अनछुई बातों से!!
कुछ कह कर देखो
फ़िर कर के देखो
बहुत सौंदर्य मिलेगा
अपनी इस धरती पर
सुगंध का अहसास मिलेगा
अभी तो बहुत करना है
आत्मविश्वास का झरना
पहले बहाना है,
और उसके बाद संग संग
क्षितिज के उस पार जाना है
हां हमें तो यही
कर के दिखाना है।
ना कि अनंत में,
ताला लगाना है!!!!!

ऐसे तो रहो

प्रीति मेरे मीत तुम सँग,
साथ में तुम हो न हो।
मुस्कुराते फूल देखूँ
और उन पर ओस देखूँ।
बस इन्हीं में मगन होती,
सांस में तुम को मै भरती।
सामने तुम हो न हो।।
प्रकृति जब आँचल पसारे,
हर तरफ सब कुछ संवारे।
अर्धनिमिलित नयन तेरे,
एक पल मुझ को निहारे।
हाँ,उसी में खो रही मैं,
इतने तो मेरे रहो।।
और कुछ चाहूँ भला क्या,
साथी मेरे,मीत मेरे।
स्वप्न में आते रहो।
पास ऐसे तो रहो।
साथ ऐसे तो रहो!!

आते जाते रहे

दर्द के झोंकों में छटपटाते रहे,
नगमें बनते गये हम भी गाते रहे।

यादों ने छटपटा कर बहुत कुछ कहा,
थपकी दे कर उन्हें हम सुलाते रहे।

रातें काले अँधेरों से भरती गयीं,
चांदनी में दिया हम जलाते रहे।

ख्वाब बुनते कहाँ नींद ने दी दगा,
आंखों में अश्क बस मुस्कुराते रहे।

सायों से तुम कहो क्या करेंगे गिला,
शून्य में ही तुम्हें हम बुलाते रहे।

अश्क लब पर गिरे क्या कहेंगे उन्हें,
सोच फूलों की शबनम चुराते रहे।

हँस न पाये थे हम, रो न पाये थे हम,
क्यों कि लहरों से तुम आते जाते रहे।

पास आने से

हमारी रूह पर दस्तक हुई है इतनी आहिस्ता,
कि लगता मौत भी घबरा रही है पास आने से।

है परदा अगर कलियों पे उन की हुस्नो-हया का,
बहारें कैसे रोकें अब गुलों को खिलखिलाने से।

तुम्हारे पास आने की तो आहट क्या गजब की है,
क़सम से रोक ना पाये हैं खुद को डगमगाने से।

सियह रातों का मंज़र भी सुहाना हो ही जाता है,
कहकशाँ खुशनुमा लगने लगे जब झिलमिलाने से।

तुम्हारे बावस्ता हमने शफ़क़ इतना सजाया है,
लबों को रोक कैसे पाओगे तुम मुस्कुराने से।

सिफ़त कुछ भी नहीं जानम,इन टूटे नग़मो में,
हमारी नज़्म तो जिंदा,तुम्हारे गुनगुनाने से।

आ गये

था बहुत ताज्जुब तुम्हारी ये नज़र मुझ पर पड़ी,
मौत को बहका दिया और जिन्दगी तक आ गये।

धड़कते दिल की सदाओं में तड़पते बस रहे,
प्यास को मज़बूत कर हम तिश्रगी तक आ गये।

लबों को भी बंद रखा नज़र भर देखा नहीं,
हम तुम्हारे पहरों में संजीदगी तक आ गये।

क्या करें उठते सवालों में तो तुम बोले नहीं,
एक लम्हा सोचा!फ़िर दीवानगी तक आ गये।

जुस्तजू करते रहे हम आप की ऐसे हुज़ूर,
नज़रें थीं ऐसी कि हम शर्मिंदगी तक आ गये।

हम भी क्या मासूम बाशिंदे हुए हैं देखिये,
रौशनी की डोर ले कर तीरग़ी तक आ गये।

पाक़ दामन की मोहब्बत ऐसे करती है असर,
इश्क़ से चल कर सनम हम बंदगी तक आ गये।

करना न दिल का

न झूँठा न सच्चा,कहानी न क़िस्सा,
बनेगा भला क्या फ़साना किसी का।

ज़माने की ठोकर क़सम से है इतनी,
कि घायल हुआ पाँव है हर दुखी का।

हम ने तो ग़म को निभाया बहुत था,
फफोंलो पे मरहम नहीं था खुशी का।

दरिया का क्या है समंदर का क्या है,
सफ़ीना ही दुश्मन बना जिन्दग़ी का।

कहां तक मुरीदों रक़बों को समझूं,
सुनायी नहीं लफ़्ज़ देता किसी का।

हैं हम तो 'सुमन' ख़ारों संग ही हैं रहते,
जनाब किरचों सा हाल करना न दिल का।

आंख कहती नहीं लब को दिखता नहीं

जुस्तजू हम तुम्हारी ही करते रहे,
फ़र्क़ लेकिन तुम्हें कोई पड़ता नहीं।

रौशनी के शहर में बसा तुम किये,
अक़्स फ़िर भी तुम्हारा तो बनता नहीं।

चाँद तारे फ़लक़ के रिझाते तुम्हें,
ग़र्द समझा हमे रखा जाता नहीं।

फ़िर भला क्यों दिखाते ये रहमोंक़रम,
जो क़सम से हमें कुछ भी भाता नहीं।

मुस्कुराहट पे बंदिश तुम्हें है पसंद,
दर्द बादल का तुम पर तो छाता नहीं।

हम हैं आजाद पंछी गिरे फ़िर उड़े,
खिलखिलाते हैं हम ग़म रूलाता नहीं।

आँखों से हम कहानी बयां कर रहे,
होंठों पर तो कोई लफ़्ज़ आता नहीं।

है फ़लसफ़ा यही ज़िन्दगी का सनम,
आँखें कहती नहीं,लब को दिखता नहीं।

कभी कभी

वक़्त ने ले ली है करवट इस लिये ऐसे दिखे,
वरना अंजुम के बहारा हम भी दिखते थे कभी।

सच कहें हर एक लम्हा तुम पे ही क़ुरबान था,
और तुम भी तो सहारा हम को कहते थे कभी।

जश्र ही बस जश्र में दुनियां हमारी गुम रही,
इश्क़ का अपना भी तारा आसमां पर था कभी।

नींद ने आंखों से जानम दूरियां क़ायम करीं,
इसलिये हर ख़्वाब अपना था कुंवारा सच कभी।

ये हमारा प्यार तो तुम को तिज़ारत ही लगा,
हमने अरमानों से भर कर जो संवारा था कभी।

काश होता संग तुम्हारा तो न कुछ बरबाद होता,
हर बियाबाँ में भी रहना, हाँ गंवारा था कभी।

घाव

दुनियां के इस रंग मंच पर पड़ा रूपहला झिलमिल परदा,
तुमको इस में ढूँढ निकालूँ यह कर पाना तो मुश्किल है।

पलक झपकते दिन ढल जाये रात अँधेरों से घिर जाये,
सियह अमावस में चँदा को लेकर आना तो मुश्किल है।

सभी सफ़ों को स्याही से रंग,कहते तुम कुछ लिखा नहीं,
इतनी स्याही धो डाले वह अश्क़ बहाना भी मुश्किल है।

तुम कहते खिल गये फूल हैं सारा गुलशन महक रहा,
गुल की नज़र में सब को दिल के घाव दिखाना भी मुश्किल है।

आंखों में जज्बात छुपा कर पलकें बंद लगी हैं होने,
होंठ तड़प कर लरज़ रहे है अब इनका चुप रहना मुश्किल है।

क्या जाने वह कौन आग़ जिस में अरमान सुलग जाते,
डाला चेहरे पर हिजाब फ़िर कहा बताना ये मुश्किल है।

ज़रूरत नहीं है

कहें हम ख़फा हैं तो तुम को फ़रक़ क्या
तुम्हें सच हमारी ज़रूरत नहीं है

ये चाहत हमारी है बेबस न कहना
वफ़ा को कसम की ज़रूरत नहीं है

शगुफ्ते खिलाते हैं हम जंगलों में
न हैरान हो यह क़यामत नहीं है

हुए आज रूख़सत हैं अब ना दिखेंगे
मज़ाक करने की हम को आदत नहीं है

गिराया ये परदा खुदा ने ही जानम
उठाने की हम को इज़ाज़त नहीं है

तबस्सुम भरा नूर हम को दिखा तो
कहा तुमने तेरी अमानत नहीं है

ये इतनी सजायें हमे देते हो तुम
हँस कर ये कहते शिक़ायत नहीं है

होते नहीं

रूठने का मन हमारा भी किया करता हुज़ूर,
किंतु ये बेबाक़ लम्हे सच कभी होते नहीं।

है ये अपनी बदनसीबी हक़ की जब भी बात हो,
आप की सरग़ोशियों में हम कभी होते नहीं।

कब किधर से कोई अंजुम क्या बहाराँ ले चली,
हम को ये सुंदर नज़ारे क्यों पता होते नहीं।

हर तरन्नुम आपके नग़मो को ही क्यों चूमता,
एक मक़्ते की भी मौसीक़ी में हम होते नहीं।

क्या गुज़ारिश हम करें जब आप ग़फ़लत में ही हैं,
अश्क़ों की मय है ये,सनम मदहोश तुम होते नहीं।

हम तो वह है नींद को अहिस्ता से बहला रहे,
ख़्वाब हैं यह ख़्वाब जानम यह तो सच होते नहीं।

अच्छा बहाना

कुछ पता लगता नहीं तुम चाहते हो क्या निभाना,
बेवफ़ा कहते कभी फ़िर बावफ़ा कह मुस्कुराना।

यूँ समझ लो दर्द की गुरबत नहीं है मेरे पास,
मन तुम्हारा ग़ार करे तो ग़म का दे डालो ख़जाना।

मैंने रातों के अँधेरों को कभी रोका नहीं है,
तुम सियह सी सहर लाये तो मुझे वह भी सजाना

शफ़क़ रोती आये तुम को कुछ फ़रक़ लगता कहाँ,
तुम हिक़ारत से ही देखो, और बस खुशियाँ मनाना।

नज़्म अश्क़ों में जो डूबे लोग हैं इरशाद करते,
नाम तुमसे होगा रौशन,मुस्कुरा कर बस तुम तो गाना।

दूरियां बस दूरियां दिन रात बढ़ती ही गयीं,
क्योंकि यह मसरूफ़ियत अच्छी बनी तेरा बहाना।

बगावत हुई है

कभी बिन कहे कुछ समझ पाते तुम तो,
हमें लगता तुम को मोहब्बत हुई है।

हमारे ग़मोंको भी अपनाते ग़र तुम,
तो लगता कि हम पर इनायत हुई है।

क़दम दर क़दम आ रहे हम हैं तुम तक,
कहते हो तुम यह मसाहत (दूरी) हुई है।

सियह रात का हर धुंधलका सम्हाला,
तुम्हीं बोलो क्या यह हिमाक़त हुई है।

ख़ामोशी से हमने दामन भरा है,
तुम्हें लगता यह भी सियासत हुई है।

तुम्हें हमने जब जब नज़र भर के देखा,
तो जानम तुम्हारी ये क़ुर्बत (नज़दीकी) हुई है।

आंखों में आंसू लबों पर हंसी है,
गुलों में नयी सी नज़ारत (ताज़गी) हुई है।

सनम कुछ न यूँ अब बता पायेंगे हम,
ज़माने से दिल को बगावत हुई है।

अग़र अपने आग़ोश में तुम छुपाते,
भुला देते वह जो अज़ीयत यातना)हुई है।

मग़र है ये दुनियां बदलते हैं म़कसद,
जनाब,हम को अब यह नसीहत हुई है।

ये चेहरों पे चेहरे लगा सब निकलते,
क़सम से तो अब ख़ाली नफ़रत हुई है।

हंसी हो

दिल में अगर तुम्हारे पाने की लगन हो,
कुछ ऐसा करो जिसमें मेरी भी अग़न हो।

मैं ही फ़क़त क़रम से यलगार करूं कब तक,
तदबीर मेरी है तो तक़दीर कहीं हो।

है शौक़ अगर तुम को चेहरा गुलाबी देखो,
हाथों में सनम थोड़ा सा ही अबीर हो।

सज़दों में सिर झुकाये हर वख़्त रहूँ मैं,
ग़र कुछ न हो सामने तस्वीर तक तो हो।

हां मान लिया मैंने मैं बेअसर दवा हूँ,
पर तेरी दुआओं में तासीर कुछ तो हो।

ग़म मुस्कुरा के हरदम देता रहा सदाएँ,
आंखों में अश्क़ हों तो लब पर हंसी भी हो।

सियाही

क्यों महसूस किया तुमने?
मेरे क़लम की सियाही-

काग़ज पर लफ़्जो की जगह,
सिर्फ़ सफ़ो को काला करती है।

क्यों लगा तुम्हें कि यह इबारत
अमावस की काली रात है।

कभी तो अपनी नज़रों को,
अंधेरों से दूर करो।

कभी तो उन में भी,
थोड़ा सा उजाला भरो।

ये जो थोड़े से आखर मैंने,
काग़ज के सीने पर उकेरे हैं।

सही जानो बेहद रौशनी से भरे है,
ये अमावस नहीं पुरनमासी की चाँदनी है।

मेरे शब्दों में यह चाँद तारों की दीवानगी है,
ये वह लफ़्ज़ हैं जो गुलशन में गुल खिलाते हैं।
तितलियां जब हौले से बोसे लेती हैं तो मुस्कराते हैं।।

मुस्कुराये

तुम्हारे लिये कितना भटका किये थे,
रहे ढूंढते तुम को नज़रें उठाये।

कभी महफ़िलों में तुम्हें सुनना चाहा,
तो तुम एक भी नज़्म ना गुनगुनाये।

मिलने की चाहत ने बेबस किया जो,
आस के सारे दिये फ़िर जलाये।

मग़र आया तूफ़ा सभी कुछ ख़तम था,
दिये जो जले थे क़हर ने बुझाये।

अजब दास्तां तुमने कर दी हमारी,
न जी ही रहे हम न मरने ही पाये।

तुम्हीं बोलो ऐसे ग़मों को कहें क्या,
कहें अश्क़ देकर कि ये बह न जाये।

वस्ल की रातें हिज़ में थीं जो बदली,
बहुत चोट खायी बहुत मुस्कुराये।

क्या हुआ है

क्या क्या बतायें कि क्या क्या हुआ है,
कहां तक सुनोगे कि क्या क्या हुआ है।

बहुत बढ़ गयीं रक्त में श्वेत कणिका,
सभी रिश्तों का खून पानी हुआ है।

निग़ाहों में आया जो बदलाव बोझिल,
तो नज़रों का रंग रूप बिखरा हुआ है।

अँधेरों उजालों का अंतर न समझें,
छू कर ही कह दें ये मेरा हुआ है।

क़ीमत ख़तम है इंसानियत की,
दिलों पर दिमागों का पहरा हुआ है।

आंखों में लोगों की गुरबत है इतनी,
नशा यारों दौलत का गहरा हुआ है।

कैसे बनायें

तबस्सुम तुम्हारा तरन्नुम तुम्हारा बता दो भला हम ये
कैसे भुलायें,
कभी रूठ जाना कभी मान जाना कुछ तो कहो
हम ये कैसे भुलायें।

सोचा था यादों में ऐसा भरेंगे कि हर पल रूका
का रूका ही रहेगा,
ये लम्हों की बारात निकली है ऐसे समझमें न आता
किसे हम बतायें।

बहुत बार चाहा बहुत कोशिशें की कि इक बार
तुम को नज़र भर के देखें,
क़सम से इन आंखों में जादू है ऐसा जो पलकें हमारी
झपकती ही जायें।

हिज की रातों का ग़म ही नहीं है न वस्ल की रातों की
कोई भी चाहत,
ख़्वाबों को झीने से परदे में रख कर ख़्यालों में ही बस
तुम्हीं को बसायें।

हसीं कहकशाँ का हसीं ये नज़ारा थोड़ा तुम्हारा थोड़ा हमारा,
अभी चांदनी ने दे दी है दस्तक, ऐसे में कैसे तुम्हें हम सुलायें।

कहाँ से कहाँ आ रही ज़िन्दगी ये,यही सोचते ही रहे हैं हमेशा,
कोशिश पे कोशिश किये जा रहे हैं कि संग संग
तुम्हारे कहीं तक तो आयें।

सफ़र जो शुरू था इज़हार करके इक़रार तक हम
लिये जा रहे हैं,
हमे काश जानम कुछ तो बता दो कि तुम जैसा अपने
को कैसे बनायें।

मन में समाकर अपना बना कर 'मैं' 'तू' न रह कर
'हम' है हमेशा,
ये जज़्बे हैं ऐसे कहो तुम ही कैसे न हम खुद को यूँ ही
अभी भी रुलायें।

रह गया

वेदना के हर धरातल पर सजायी अल्पना,
किन्तु मूंदी आँख तो तुम बन खड़े थे कल्पना।
ऐसे में मैं हंस पड़ी बस ना बहाना रहा गया।।

सच तो यह भाती नहीं मुझ को मगन मन चाँदनी,
हो अमावस तब ये तारे डालें मुझ पर ओढ़नी।
पा गयी आकाश गंगा हर ठिकाना मिल गया।।

चल सको तो साथ चल दो आज छूने क्षितिज छोर,
सप्त रंग लेंगे बलायें नम न होगी नयन कोर।
संग प्रकृति के होंगे हम क्या और कहना रह गया।।

मीत यह मैं हूँ बताओ अब सुना दूँ क्या कहानी,
तुम को मै महसूस करती लय यही मेरी सुहानी।
मिल गये तुम और क्या बाक़ी बताना रह गया।।
क्या बची अब मेरी वाणी क्या फ़साना रहा गया।।

बता देना

सवालों की जो दुनियाँ है, रहें कैसे बता देना,
जवाब बन कर न क्यूं आये वज़ह यह भी बता देना।

नशेमन को जलाने के लिये बैठे हैं बेग़ाने,
बचाऊँ इन से चिलमन कैसे मैं, यह भी बता देना।

मेरे ख़्वाबों में आँधी संग मचल जाता है तूफाँ भी,
न आये नींद जानम ऐसा तुम जादू चला देना।

कभी हल्की सी लहरें भी डुबो देतीं सफ़ीने को,
समंदर शांत हो ऐसी इबादत तुम करा देना।

तुम्हारे दिल में हरदम वस्ल की रातें रहा करती,
गुजारे किस तरह यह हिज़ के लम्हे बता देना।

ये बादल आसमाँ में ही घुमड़ते रहते हैं हमदम,
करो इतना कि हर इक बूंद से मुझ को सजा देना।

ज़रूरत है

कोई पत्थर की मूरत है किसी मूरत में पत्थर है,
लो हमने देख ली दुनियां जो इतनी ख़ूबसूरत है।

कहाँ से मुझ को ले के तुम कहाँ तक आ गये जानम,
पता तो अब लगा है यह कि तू मेरी जरूरत है।

सपन सजते हैं आंखों में मगर बैठा वहां है तू
नींद आती नहीं मुझको ख़्वाबों में फ़िर भी बरक़त है।

झुकाया सिर जो सज़दे में तो साया बन खड़े थे तुम,
दुआ में उठ गये ये हांथ वह तेरी इबादत है।

तुम्हारे सदक़े जाते हैं तुम्हारे चाहने वाले,
तुम्हारी वह नज़र मुझ को मिली,बहुत ज्यादा इनायत है।

तुम्हारे क़दमों के संग इक क़दम भी चल सकी हमदम,
समझ लूंगी खुदा ने खुद मुझे दे दी इज़ाजत है।

तराशा खूबसुरत बुत बहुत ही प्यार से तुमने,
निगाहें जो पड़ी तो कह उठी क्या ग़ज़ब सीरत है।

मुक़म्मल कर सको कुछ भी, अजब ये सिफ़त पाये हो,
मुझे तुम समझ ना पाये यही इतनी शिक़ायत है।

बादल

एक जुग बीत गया झूम के आये बादल,
वह समंदर ही कहाँ जो कि उठाये बादल।

आँखों में लहराया समंदर देखो आये हैं ये बादल,
हास्य रूदन की सीमा पर घूम घनन बरसाये बादल।

सच जानो तुम आज स्वयं को पहचानो मेरे मितवा,
हाथ की अंजुरि तुमने बनायी देखो भरने आये बादल।

प्यार किया फिर आदत हो गये पल-पल राह निहारी है,
नयन उघारे जो मैं देखूं बूंद-बूंद छहराये बादल ।

मौन अधर काँपते रहें कुछ न कहें फिर भी तुम समझो,
स्मित रेखा चपला बन कर हाँ फुहार दे जाये बादल।

'तुम' 'मैं' की परिभाषा छोड़ी और बनाया खुद को 'हम',
हर सीमा से परे मीत तब तब झुक आये हैं बादल।

अब न शिक़ायत रखना मन में कभी समंदर से प्रियतम,
हम हैं जानम ऐसे समंदर हम ही उठायेंगे बादल।

जुग पर जुग बीते तो क्या आस अभी भी वैसी है,
यह विश्वास न डिगने देना वह देखो इस जुग के बादल।
बरस बरस कर ये मल्हार बस गाये जायें हैं बादल ।।

निशानी नहीं है

अजब सा नज़ारा अभी हमने देखा,
दरिया में कोई रवानी नहीं है।

ये हालात ऐसे बने जा रहे हैं तो,
कहने को कोई कहानी नहीं है।

बहुत भोले ज़ज्बात हैं सच नज़र में,
तभी इन की कोई निशानी नहीं है।

न आँखों ने बोला न लब थरथराये,
इन आँसू के संग पेशानी नहीं है।

दुआ जैसे हम को लगे तुम हमेशा,
सुना, वह तुम्हारी जुबानी नहीं है।

मेरे लफ़्ज़ ख़ामोश रहते तो क्या है,
मगर इन में हां बदगुमानी नहीं है।

ख़्वाबों की चाहत रही हमको हरदम,
मगर नींद अपनी सयानी नहीं है।

न सपने ही आयें न तुम आ ही पाओ,
सनम बिखरी अब चाँदनी भी नहीं है।

पोस्ट बाक्स

आज दिखी कुछ दूर एक पत्र पेटिका,
कुछ मन चौंका,कुछ उल्लसित हुआ।
सच कहूं झिझकी फ़िर हौले से मुस्कुरा उठी।
प्यार से उसको आहिस्ता से सहलाया।
चोरी चोरी देखा कहीं कोई देखा तो न पाया?
अनजाने कितनी प्यारी,भावुक स्मृतियों से
मन भीग भीग उठा ।।
उंगलियां अनायास मचल उठीं,
हौले से एक कोरा काग़ज़ निकाला।
धीरे-धीरे कांपते शब्द थिरक उठे।
मुझे बहुत बहुत प्यार है,
हां मुझे चिट्ठी वाला प्यार है।
वही प्यार जो चिट्ठी जताती है।
बहुत बहुत याद आ रहा है।
फ़िर एक अनजाना पता लिखा।
होठों से चूमकर,बैरग ही भेज दिया।

इंतहा

यादों के समंदर में मैं डूबती रही थी,
हिस्से में मेरे लेकिन बस इंतज़ार आया।

ख़ामोश तुम को देखा लब मैंने सिल लिये थे,
नज़रों से मैं जो बोली तुम को न प्यार आया।

दामन में मेरे हमदम अंगारे दहकते थे,
तुम मुस्कुरा दिये थे तुम को क़रार आया।

मुझ को लगा कहीं पर शबनम सी झर रही है,
टूटा था वहम वह भी उड़ कर गुबार आया।

तुम हमनशीं बने तो मैं खो गयी थी तुममें,
जाने हुआ क्या ऐसा ग़म बेशुमार आया।

दरिया-ए दर्द ने तो झुलसा दिया था मुझको,
तुम कह के हंस पड़े थे वाह क्या निखार आया।

मैं तब भी खुश हुई थी चेहरा दमक उठा था,
मालिक़ को मेरे मुझ पर अब ऐतबार आया।

आंखें

ये सवालात से डूबी हैं तुम्हारी आँखें,
मेरे जवाब में अनबूझ तुम्हारी आँखें।

बड़ी शिद्दत से तलाशी जो मुस्कुराहट,
लाल डोरों से भरी पायीं ये सुंदर आँखें।

मल्हार गाते हुए देखी है आज बारिश,
अश्क़ से फ़िर भरीं, कैसे ये प्यारी आँखें।

दर्द में डूबी हुई मैं जो हंसी हौले से,
उठा दी तुमने मासूम, ये अपनी आँखें।

भूल से अब न सिफ़त पूछना निगाहों की,
मुझे गुलज़ार किया करती तुम्हारी आँखें।

बन के आ

मौसम-ए-इश्क तू एक कहानी बन के आ,
रूह को मेरी भिगो दे तू वो पानी बनके आ।

छलक छलक जो उठे ऐसी मोहब्बत दे दे,
कभी ठहर न सके ऐसी रवानी बन के आ।

आज बारिश ने मचा रखी है ऐसी हलचल,
मीत बूंदों की इन्हीं एक निशानी बन के आ।

किन्हीं लम्हात का तूफान फलक पर है उठा,
बेजुबा इस जमीं की तू तो जुबानी बन के आ।

कितना उछला है समंदर कि सफीना डूबे,
कर दे खामोश तू ऐसी रूहानी बन के आ।

वख्त के साथ बदल पाये न रिश्तों का सफर,
ऐसे जज़्बातों की तू एक जवानी बन के आ।

यारों

बात करते हैं सभी साथ देते ही रहेंगे,
हो सके एक ही ठोकर से सम्हालो यारों।

काश जो दर्द ही देने की कसम खाये हैं,
उन से कुछ देर बचा पाओ,बचा लो यारों।

बदनसीबी का हमे कुछ लोग ख़ख़खीरा कहते,
दोस्त बन कर कभी यह दोष छुपा लो यारों।

हमारे गीत, ग़जल,नज़्म, या रूबाई खनके,
शफ़क़ की सोचना लाली और फ़िर गा लो यारों।

रूठने की न कहेंगे हम अब कोई कहानी,
प्यार जब बाटो हमें भी तो बुला लो यारों।

गुज़ारिश

बहुत ढूँढ लिया खुद को,
तुम्हारी गुज़ारिश की भीड़ में।
अपने को कभी कहीं खड़ा नहीं पाया।

सच कहूँ तो मन में थोड़ी,
उदासी आयी तो।
लेकिन इस उदासी का कोई,
औचित्य नज़र नहीं आया।।

हर कोई इतना नसीब वाला कहाँ,
जिस की गुज़ारिश चाहने वाला करे।

हर किसी की अपनी तमन्ना,
हर किसी की अपनी चाहत,
तो ऐ मेरे मन! तूने कुछ नहीं पाया।

अब तू कर ले खुद से खुद की गुज़ारिश,
और बस उसी खुशी में खुश रह ले!

हम सफ़र

यहां हूँ ना मैं हम सफ़र!
सचमुच की हमसफ़र!!
साथ निभाऊंगी मेरे साथी,
चाहे कैसी भी हो डगर।।

हमेशा अपने पास ही पाओगे,
सब कुछ सम्हालूं मैं!!
देहलीज़ के अन्दर तो,
देहलीज़ के बाहर।

कभी शिक़स्त किस्मत को
देने न दूंगी।।

फ़िर वह हो दिन या कोई पहर,
हमेशा साथ खड़ा पाओगे।
ओ मेरे हम सफ़र!!

कविता

सुनो ना मीत मेरे!कभी भी
ऐसा मत करना कि,
मेरी कविता अजन्मी रह जाये!
सच में बहुत भावनाओं से,
भरे हैं यह नयन,मन भी!!
मुझे पंक्ति उकेरने देना,
काग़ज़ की संवेदना!
महसूस करने देना!!
मेरे आंसुओं को हथेली पर
जगह देना।
जिससे पन्ने पर,
एक भी बूंद बिखर न पाये।
तो मेरे साथी!साथ दोगे ना,
मेरी कविता जन्मेगी ना!!
तुम्हारी प्यार की छुअन से,
तुम्हारी धड़कन से!!

भुला न सकी

और आज फ़िर मै तुम को भुला न सकी,
सच मानो हर तरह से कोशिश कर ली।
बदक़िस्मती इतनी कि तुम्हें आजमा न सकी,
कभी कभी ना जाने क्या संकोच किया।
साथ ही तुम रूठोगे मन ने डरा दिया।
इसी असमंजस में मैं तुम्हें बुला न सकी,
लेकिन प्रिय मैं तुम्हें कभी भी भुला न सकी।
मीत तुम भी तो अब न्याय की बात करो,
मेरे मन में भी एक मृदु अहसास भरो।
पलकों पर पहरे हर समय रहे,
आंखें खुली हों या बंद,
होंठों की नमी हमेशा तुम ही दिये।
आज जब धरती गगन से मिली,
और क्षितिज पर नयी एक अनुभूति खिली ।।
यही सब तन्मय हो सोचती ही रही,
और मैं स्वयं से स्वयं को चुरा न सकी।
मीत मेरे इसी लिये तुम को मैं भुला न सकी!!

घरौंदा

लग रहा सूर्य क्षितिज,

के पार जाना चाहता है

हाँ,विहग तुम ठीक समझे

तभी तो तुम नीड़ में

जाने को बेकल हो रहे

जानते हो तुम्हारा बसेरा,

कर रहा तुम्हारा इंतज़ार

किन्तु उन का क्या!

जिन के पास कहने को

घरौंदा है,

लेकिन बेहद सूना,सूना है!!

सूर्यास्त की लालिमा पर,

धुंधलका आने को आतुर!

हर जगह नीरवता दिखती

क्या करूँ इस सफ़ीने का?

ख़ामोशी से बस यही सोंच रही

क्या डगमगाती रहूँ लहरों में ही!

उस नीरव घरौंदे से

क्या लहरें

प्यारी नहीं?

जो शोर दे रहीं।

मुझे नहीं है जाना
मैं डगमगाते सफ़ीने संग,
डोलती बोलती लहरों संग।

बेहिसाब जियें

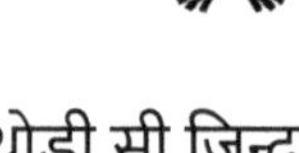

थोड़ी सी ज़िन्दग़ी जियें,
चलो ना! बेहिसाब जियें।
अपने कंधों पर अपनी
सलीब टांग कर चलें,
चलो बेहिसाब जियें।
अपना मसीहा अपने आप बनें,
थोड़ा सा ही जियें!
लेकिन,बेहिसाब जियें!!
सच कहाँ भाये दुनियाँ को?
फ़िर आख़िर क्या करे?
यही कहें और सोंचकर जियें,
बस तनिक सा अपने हिसाब से जियें।
महाभारत युद्ध!चक्रव्यूह रचना
ध्यान करने से अहसास जगता है
प्रवेश अभिमन्यु का अंतिम द्वार तक
किन्तु तोड़कर निकल न पाना,
मृत्यु का अलिंगन,
फिर भी उस छोटे से घेरे में
जी लिया वीर योद्धा ने पूरा जीवन
अपनी ज़िन्दग़ी का ऐसा रूप कि

अपना सलीब अपने कांधे पर
रखकर जिया ना!
तो क्यों घबरायें हम भी इस दुनियाँ की
चक्रव्यूह रचना से
जो उसने रिश्ते में ऐसा रचा
कि हम अंदर प्रवेश तो कर गये
लेकिन माँ के गर्भ में
बाहर निकलने की कला न सीख पाये
माँ सो जो गयी थी उस समय
बस दोस्त,हम भी वापस न आये
इसी लिये भले ही,
ये कंधे उठाये हुए सलीब
खूनोंखून हैं,
लेकिन इतना तो सही है,
कि थोडा सा ही जी रहे हैं।
परन्तु बेहिसाब जी रहे है।।

घर लौट आओ

मोहब्बत तुम्हारी कहे जा रही है,
न अब दर्द का बोझ इतना उठाओ।
निगाहों में ग़म इतना क्यों दिख रहा है?
सनम आज मुझ को भी कुछ तो बताओ।
नज़र भर के देखा दिखी अश्कों में भय
पियूं जाम मैं यह,न पलकें झुकाओ।
आवाज़ महबूब इतनी तो रखना,
मैं सुन सकूँ,जो भी तुम गुनगुनाओ।
भले कोई ग़र्दिश में ज़ोरों से फेंके,
फ़िर भी न जानम यूँ खुद को रूलाओ।
मसीहा तुम्हारा ही हूँ हम-सफ़र मैं,
अपने को इतना नहीं तुम सताओ।
ये डगमग सफीना किये जा रहा है,
लेकिन न हमदम तुम खुद को डुबाओ।
हर एक क़िरदार झूठा नहीं है,
आंखो में ख्वाबों को मत तुम सुलाओ।

सही जानों सब कुछ तुम्हारे लिये है,
कभी अपना कह कर मुझे तुम बुलाओ।
रकीबों की महफ़िल सजी रहने देना,
मुरीद हूँ मैं चाहो जब आजमाओ।
परिंदों सी आज़ादी मुमकिन कहाँ है?
बुलाया है शिद्दत से,घर लौट आओ!

तोहफ़ा

हाँ-मीत,तुम्हारा इश्क वह तोहफा है-
जिसे किसी तरह नकार नहीं सकती।
लाख़ क़ोशिश करके भी,
भुला नहीं सकती!!
हाँ, तुम्हारा यह तोहफ़ा वह अमानत है-
जिसे मैंने अपनी सांस के हर रेशे में
पिरोकर रखा है,
जब कभी यह धागा टूटने लगेगा,
जानम,फ़िर भी इस अमानत में-
मैं ख़यानत नहीं कर सकती!
सब कुछ मेरे पास से जायेगा,
ये सांस भी साथ छोड़ देगी,
लेकिन तुम्हारे इश्क़ का यह तोहफा-
हर लम्हा मेरे के करीब रहेगा!
मैं सचमुच क्षितिज से दूर,
आकाश से परे-
साथ ले कर इसे,
शून्य में खो जाऊँगी!

अपेक्षा

सुख-दुःख दोनों को सजा बैठी
हाँ! यही तो है एक अपेक्षा
जीवन की क़ीमत समझाती
जब पास दिखे,हौले से अपेक्षा
कहते सब निःस्पृह बन कर रहो
तब हँसी उड़ाती यह अपेक्षा
लेकिन यह शाश्वत सत्य भी है
प्यार, नेह, ममत बरसाओ
अपना सब विश्वास लुटाओ
किन्तु तुम आशा से मत देखो
वरना, समय बदल जाता है,
जो कहता 'अपने' से 'अपना'
वही तोड़ जाता हर सपना।
दोस्त!! यहीं परिवर्तन होता
फिर ये अपेक्षा झुठलाती है,
और उपेक्षा बन जाती है।

भरम

तुम्हारा हर भरम मैं तोड़ दूँगी इन निगाहों से,
यक़ीं कर लो मैं दामन को भरूँगी अब दुआओं से।

तुम्हारे साथ मैं चलती रहूँगी हर क़दम संग-संग,
कभी हटने नहीं दूँगी तुम्हें, खुशियों की राहों से।

इन हाथों में जो थामा चेहरा तुमने फूल कह कर तो,
सुगंधित मैं करूँगी तुम को जीवन की बहारों से।

बदनुमां दाग़ बन कर ज़िन्दगी में सांस भी आयी,
क़सम मुझ को मिटा दूँ उसे उसके ही ख़यालो से।

तुम्हारे अक्स को भी गम की कोई कोर चुभ जाये,
चुनूँगी सारे कांटों को मैं अपनी सब वफ़फाओं से।

न गुल मुरझा सकेंगे गुलिस्ताँ से दूर रहकर भी,
चुरा लाऊँगी हर कतरा मैं शबनम का नज़ारों से।

सियह रातें तो होंगी पर मुकद्दस कहकशाँ भी है,
हमेशा यह बचाती ही रहेगी सब गुनाहों से।

साथ रहने की दौलत अब न यादों की फकीरी है
शफ़क़ की लाली मोहेगी तुम्हें अपनी अदाओं से।

वक़्त

यह वक़्त है जनाब
चलता नहीं है
दरिया जैसा बहता है,
कोई स्थिर ताल नहीं
तो इसमें कमल भी खिलता नहीं
इस लिये उदास मत होना मन,
क्योंकि यह मुड़कर देखता नहीं
आने पर खुश न हो
जाने का ग़म न करो
एकला चलो एकला चलो कहते रहो,
हुज़ूर बहते रहो इस की धार में
क्यूंकि रफ़्तार बहुत तेज़ है
नहीं खड़ा होता कोई, नहीं रूकता कोई
वक़्त और दरिया की जैसी ही,
यह जीवन की रफ्तार भी है ना!!
बस बहुत हुआ रे! बावरे मन!
रूकना तू भी छोड़,
नेह, प्यार, ममता, भरोसा भी छोड़!
दरिया जैसे बहते वक़्त के साथ बह जा!
अपने सारे सपनों के साथ तू ढह जा!!

जीवन की क़ीमत क्या होगी

अनमोल कहेंगे सब इस को,
जीवन की क़ीमत क्या होगी?
जो, अंतिम सांसों से जूझ रहा,
वह निग़ाह हाँ बोलेगी,
जीवन की क़ीमत क्या होगी?
जब माँ के लाल की आँखों में,
मौत की स्याही दिखने लगे
वह शून्य में झाँक के बोलेगी,
जीवन की क़ीमत क्या होगी?
जब सूखी रोटी देने से भी,
घर-मुखिया आस गँवा बैठे।
तब वही बतायेगा हम को,
जीवन की क़ीमत क्या होगी?
जब दहशत में सब डूबा हो,
हर तरफ़ आग का पहरा हो।
घिरने वाला ही बतायेगा,
जीवन की क़ीमत क्या होगी?
चहुँ दिस छायी घनघोर घटा,
हर तरफ़ मौत का बस पहरा।
तब सांसे सारी पूछेंगी,
जीवन की क़ीमत क्या होगी?

काम आते हैं

दोस्तों,हम वह नहीं जिस से तुम बेज़ार हो,
हम वो हैं जो हर समय ही काम आते हैं।

जश्न में तो शायद खुशी हम उतनी दे पाते नहीं,
किन्तु हम हर दर्द में बनकर दुआ बस आते हैं।

ये समन्दर कितनी मौजें कितने ही तूफान लाये,
हैं सफीना हम तो वह जो मुस्कुराहट लाते हैं।

एक ही दिक्कत है हमको,आजमाना मत कभी,
वरना हम वह हैं,फ़लक़ जो छू कर भी दिखाते हैं।

होता

ग़र हम भी कभी ज़िद में,
थोड़ा सा मचल जाते।
तो आज तुम भी मुझ से,
इक़रार करने आते।
तब तुमने मेरा थोड़ा,
इन्तज़ार किया होता।
ग़र हद से गुजर कर,
यूँ प्यार किया होता।
ग़र हमने भी कोई,
इसरार किया होता।
तो आज तुमने मुझसे,
भी, प्यार किया होता।
तो आज मुझ से ऐसे,
तुम रूठ नहीं पाते,
ग़र हद से गुजर कर बस,
इज़हार किया होता।

मनुहार करती

मैं हमेशा की तरह हूँ,
मैं तुम्हीं को प्यार करती।
एक वादा यह किया था,
संग हमेशा हम रहेंगे।
मैं उसे ना भूल पायी,
तभी तो मनुहार करती।
है पता हर पल हमेशा,
पास ही सांसों में रहते।
इसलिये बस मैं हमेशा,
मन का ही श्रृंगार करती।
अश्रुपूरित हो न पायें ये नयन,
छवि तुम्हारी हर समय-
मुझ से यही इज़हार करती।
मैं भला कैसे शिक़ायत कर सकूँ?
अधर पर मुस्कान तेरी,
सदा ही अभिसार करती।
हो सके बस कल्पना मेरी,
नज़र के साथ रखना।
साथी! मैं तुम से यही,
इतना बड़ा इसरार करती।

ख़्वाहिशों के दरख़्त

यह ख़्वाहिशों के दरख़्त बताओ कोई,
ऐसे क्यों होते हैं?
इन पर हमेशा बहार आयी रहती है।
इनमें हमेशा नयी नयी कोपलें,
क्यों फूटती रहती है?
क्यों ये उम्मीद की-'
अमर बेल को अपने से,
लिपटाये रहते हैं?
ये दरख़्त भी तो सूने हो जायें ना!
इनके पत्ते भी तो कभी झर जायें ना!
कभी तो इन पर भी पतझर आये ना!
सच! कितनों को सुकूँ मिल जाये,
काश! इन पर भी पतझर आ जाये।
फिर वक़्त की कोई सुई किसी तरह,
दर्द की वह सिलाई नहीं कर सकेगी
जो ज़रा सी उघड़े तो-
दर्द के टांके खुलते चले जायें...
खुलते ही चले जायें...
खुलते ही चले जायें... खुलते ही! !!

बात है

कहाँ से कहाँ तक गयी बात है?
ज़माने ने फैला दी ये वो बात है।

अभी आप मन में जो सोचे नहीं,
ज़ुबाँ पर सभी के वही बात है।

अजब दास्ताँ है, ग़ज़ब की पहुँच है,
समंदर सी लहरा रही बात है।

लबों ने तो हिलने का मौका न पाया,
फ़िज़ाओं में बिखरी हुई बात है।

हुज़ूर है ये बेहद ही बेबस कहानी,
हौले से कह दें हाँ!सच बात है।

सिखा दो

काश,मुझे भी सिखा दो!
कोई इतना सा फ़साना।
दिल के संग संग जोड़,
पाऊँ दिमाग़ी ज़हर लाना,
कश्तियों पर कश्तियाँ क्यों डगमगायीं?
ग़लत हो गयी, कहाँ समझी?
दरिया चाही थी डुबाना।
मन भरोसे से भरा रह गया,
मैं मसीहा उसे समझ बैठी,
जिसने पकड़कर खंजर।
छीना हर सुख का ठिकाना!!
दोस्तों ने तो बावफ़ा, बेवफ़ा,
सब एक कर दिया।
जब से मेरे दिल ने
शुरू किया दिमा ग़ से जवाब लगाना!!

आये हैं

नयन नम हैं,मत करो यह कल्पना-
रौशनी लेकर सनम तीरगी तक आये हैं।

क्या हुआ ग़र ग़म ने देखा, और कुछ खुश है हुआ,
हम तो वह है पी के इस को तिश्रगी तक आये हैं।

सोचना मत, हम चरागाँ संग अकेले चल पड़े हैं,
साथ अपने प्यार की संज़ीदगी हम लाये हैं।

तुम को जानम हमने सौंपी,हर खुशी दामन की अपनी,
क्या हुआ? खुद के लिये बस बंदगी हम लाये हैं।

तुम को दी आबाद बस्ती और महकती हर सुबह
चश्मे पुरनम बह चली वह नूरगी हम लाये हैं।

प्यार जताना

मेरे प्यार के इस अस्तित्व को,
समझ सको तभी अपनाना।
जहां मुझे काँटों से घिरे,
गुलाब पसंद हैं।
वहीं मुझे झरते हरसिंगार के नीचे-
हाथ फैला कर उसकी सारी सुगंध,
समेटने की चाहत भी रहती है।
बोलो ना! मेरे मीत!!
क्या तुम मोगरे के फूलों का,
श्रृंगार दे सकोगे ना!
जब यह संभव हो,
तब मुझे तुम प्यार की-
हर बात बताना!
ऐसा नहीं प्रिय, मैं कोमल,
फूलों से ही घिरी हूँ।
मैंने तुहिन कणों को भी-
मचलते, तड़पते देखा है
मेरी स्निग्धता इनके साथ है
तो बोलो न! मनमीत मेरे!
साथ तुम इन से भी निभाना,
तब मुझसे भी प्यार जताना।

अरे! हाँ अभी मैंने, क्षितिज पार जाने की,
इन्द्रधनुष पाने की लालसा, चमकती नजरें-
भरपूर देखी है
मैं भी बावरी बनी पीछा करती भागी-
जब उन नयनों ने पीछे मुड़कर देखा!

यह तो मितवा!! तुम्ही तो थे!!
तो, बोलो ना! हम दोनों
आकाश से परे जा कर ढूंढेगे-
साथ रहेंगे बंधनमुक्त!
बस,ऐसा हो प्यार तब बताना!

ख़ामोशी प्यारी लगती

नीरव सा जब होता है मन,
तब ख़ामोशी प्यारी लगती।

कहीं दूर जब सूरज ढलता,
ख़ामोशी तब प्यारी लगती।

इन्द्रधनुष जब रंग बिखेरे,
ख़ामोशी तब प्यारी लगती।

क्षितिज पार जब कुछ न दिखे,
तब ख़ामोशी प्यारी लगती।

झूठ पे सच का चढ़े मुलम्मा,
तब ख़ामोशी प्यारी लगती।

प्यार से जब जब तुम देखो,
तो ख़ामोशी बस प्यारी लगती।

काश!

ये काश की दुनियाँ कितनी अजीब है?
कभी बहुत दूर तो कभी यह क़रीब है।
काश! ऐसा होता,काश! वैसा होता,
काश! तुम कुछ कह पाते,
काश! हम कुछ सुन पाते।
काश काश... काश... काश क्या नसीब है
ये काश भी कितना गरीब है?
काश, तुमने आवाज़ दी होती,
काश उसमें थोड़ी दीवानगी होती।
काश, उसमें मेरी भी तड़प होती।
तो,काश की ये बात इतनी न ग़रीब होती।
हाँ!काश का फ़लसफ़ा बस है तो निराला,
अपनी हर चूक पर इस ने है परदा डाला।
गुमसुम से होते हैं हम काश बोल कर,
सूनी नज़र उठाते हैं काश सोचकर।
आ जाओ!छोड़ दे यह काश की जुबानी,
बह जाते है और कुछ ले करके रवानी।
तो काश को हटा दें यह तो रक़ीब है,
सचमुच ये काश बड़ा बदनसीब है।

ज़िन्दगी तेरा उधार नहीं

सच कहूँ ज़िन्दगी तेरा!तेरी मैं गुनहगार नहीं
जैसा चलाया तूने वैसे ही चलती रही
राहों पर चली तो मंज़िल भी चाही थी
नहीं मिली, तो कोई शिक़वा भी नहीं,
निःस्पृह रही मैं हाँ! तल़बग़ार नहीं।
अँधा निविड़, सहा झंझावतों में डूबी रही,
फ़िर भी आशाओं को किया शर्मसार नहीं।
आज आ चुकी हूँ जिस मुक़ाम पर,
गर्व है, खुद पर, यह कहते हुए कि-
तूने जो दिया मुझे मैंने सँवारा सदा।
इस लिये बस जिन्दग़ी मैं तेरी गुनहग़ार नहीं,
क्योंकि तेरा मुझ पर कुछ भी उधार नहीं।

मौसम

हाँ!कितने सारे मौसम?
कहीं गर्म तो कहीं सर्द।
कभी है बारिश तो कभी बसँत,
आता है पतझड़ तो करता है अंत।
क्यों नहीं मन समझ पाता?
क्यों ढूँढता होता है अपना खुशगवार मौसम?
सुनो! न मीत मेरे!
तुमको है भला क्या भाता?
लेकिन तुम न बता सकोगे।
तुम तो सब कुछ भूलोगे।
चलो मैं बताती तुम हो!
मेरे मीत! सारे ही मौसम!!
गुस्से की गर्मी हो तुम,
तो प्यार की शीतल छाँव हो तुम!
मुझे रुलाते हो इतना,
कि बारिश की बाढ़ हो तुम!!
कहाँ से ढूँढ लाते?

सुगंधित भलय की बहार
और फिर देते हो बसंत बयार
ओह! मेरे मीत!इतने क्यों रूखे हो जाते?
कि अचानक पतझड़ की याद दिलाते।
तो! आओ न! मेरे पास ऐसे,
न बदलो खुद को मौसम के जैसे।
सुनो! मेरे प्यार,
बन जाओ तुम मेरे मौसम खुशगवार!!

कुहासा

सुनो प्रिय बहुत अजीज़ रात

कभी यहाँ कुहासा मचलता देखा

कभी कभी तो सिसकते देखा

कभी लहरों सा लहराता अहसास

और रूई के फाहों सी थिरकती उजास

ऐसे में कैसे भला नींद आये

बस इस कुहासे में बहुत कुछ देख रही

मीत बड़ी मादकता से महसूस

करा रहा यह मुझे तो तुम्हारा रूप

घने से साये में घनी घनी भँवें थीं

थोड़ी सी बीच में पड़ी हुई गाँठ थी

अब इस कुहासे ने ले ली है लालिमा

और बना दी तूलिका से तुम्हारी आँखें

कितने लाल लाल डोरे डाल दिये

और यह नयन नशीले कर दिये

अब जानम यह तो प्रकृति की कल्पना

न तो मेरी लेखनी न ही मेरी कविता

इस लिये मैं कहीं से गुनहग़ार नहीं,

मै बस देखी रही हूँ सचमुच कुहासे में यही।

चाहत

अनुभूति की देहलीज़ पर
किवाड़ की ओट से
झांकते हुए देखी है मैंने तो चाहत
कभी बेहद मासूम,
तो कभी बहुत ही मायूस
महसूस की है मैंने यह चाहत
आंखों में लिये आशा की चाँदनी
पलकें जैसे हो गयी हैं बंदिनी
पुलक-पुलक निहारते
हाँ देखी है, मैंने चाहत
होंठों पर बंदिशें, बस लरज़ जाती हैं,
कुछ भी न कह कर चुप ही रह पाती हैं।
तो, ऐसे में हुमकती
देखी है मैंने चाहत
एक भाव मन में लिये
कुछ भी अपनत्व मिले
अंसुअन के झरोखे से निरखती
देखी है मैंने चाहत!!

दिल

दिल टूट जाये फिर भी,
ना दर्द का निशान मिले।

आँख झपके न कभी।
फ़िर भी न थकान मिले।

जो सब के मन को भाये,
मुझे बस वो दास्तान मिले।

ये ज़िन्दग़ी महकती रहे,
इक ऐसा गुलिस्तान मिले।

हर तरफ बरसाये प्यार,
ऐसी ही अज़ान मिले।

कुदरत भी सिर झुकाये जहां,
ऐसी मुझ को शान मिले।

करिश्मा हो ज़मी पे रह कर,
मुझको वो आसमान मिले।

शून्य

सुनो ना प्रिय,
इस सुरमई तनहाई में-
कैसे हैं शून्य!
कब कहाँ से आया-
वह तुम्हारा शून्य,
यह मेरा शून्य।
लेकिन साथी!
इन दो शून्य में तो
कुछ भी नहीं ना!
कैसे संभव होगा?
जीवन का एक भी पल!
तो मीत मेरे शून्य के पार चले
कुछ न करो बस-
संख्या स्वीकारो
बहुत नहीं सिर्फ एक
हम होने के लिये
संख्या स्वीकारो एक।

ज़रूरी

अग़र सोच से बिजलियाँ गिर पड़ें,
हुज़ूर उस में थोड़ी नफ़ासत ज़रूरी।
शबनम बिखरती रहे इन गुलों पर,
न देखे जो गुलशन, अदावत ज़रूरी।
चँदा ने फैलायी अँजुम पे चादर,
बादल, धुँधलका!बगावत ज़रूरी।
मोहब्बत हमारी मुट्ठी में कर ली,
ख़यालों में फ़िर तो नज़ाकत ज़रूरी।
दुआ में उठाये हैं हम हांथ अपने,
तुम्हें रहना ही है सलामत ज़रूरी।
हिज्र की रातों से शिक़वा नहीं है,
मग़र वस्ल मे फ़िर क़यामत ज़रूरी।
अग़र आँखे लबरेज़ ख्यालों की जैसी,
तो इन अश्क़ों की है शहादत ज़रूरी।
तुम ने जो मुझ को समेटा हमेशा,
सचमुच है जानम! इनायत ज़रूरी।
इन होंठों का क्या ये यूँ ही मुस्कुराये,
जनाब!! फ़िर तो थोड़ी शरारत ज़रूरी।

चलते चलते

हम बहुत दूर निकल आये हैं चलते चलते।
आओ ठहर जायें कहीं शाम के ढलते ढलते।।

दूर वादी है तो थोड़ा सुकूँ भी ले लें।
चाँद पूनो का चलो देखेंगे हँसते हँसते।

मखमली घास के बिस्तर पे झुका है ये फ़लक़।
चाँदनी सहमी सी सहला गयी डरते डरते।।

शफ़क़ की लाली ने दी है, दस्तक़ हौले हौले।
लबों पे आयी जो शबनम वो भी रूकते रूकते।।

इन उजालों में दिखी है हमें वादी की झलक।
मीत नग़मों की तरह पहुँचे वहाँ गाते सुनते।।

ग़ज़ल

दर्द जब लफ़्ज़ों में ढल जाये तो ग़ज़ल होती है,
कोई शबनम जो दुलक जाये तो ग़ज़ल होती है।

सांसों के साथ बदल लेते हैं सब अपना मिज़ाज़,
ऐसे में अपना कहे कोई, तो ग़ज़ल होती है।

बहते बहते जो बनें अश्क कभी मय से भरे जाम,
इस नशे में जो करे रक्स क़सम से ग़ज़ल होती है।

नसीम के मिले झोंके तो गुलों ने ऐसे कहा,
हुज़ूर अब जो गुनगुनाये तो ग़ज़ल होती है।

ये कैसी ज़िद है कि शफ़क़ थोड़ा नूर हमको दे,
ये जो तिश्नगी बढ़े हम ले के तो ग़ज़ल होती है।

शायरी हो जायेगी

शफ़क़ की लाली को ऐसे गुनगुनाओगे,
हमारी ज़िन्दग़ी तो शायरी हो जायेगी!

इबादत इश्क़ की ऐसी करोगे ग़र जानम!
तुम्हारी बन्दगी तो शायरी हो जायेगी!!

दरवाज़ा-ए-दिल से झांकी है ये उम्मीद,
अब तो बस तीरगी ही शायरी हो जायेगी!

तूफ़ान की लहरों पे रखे हैं जो तपते लब,
अब तो यह तिश्रगी सच! शायरी हो जायेगी।

उड़ते अरमान हैं इन बादलों के संग-संग,
हाँ जी! आवारगी अब शायरी हो जायेगी।

मेरी मायूसी ने है घेरा,तुम्हें जो ग़लती से,
फ़िर तो संजीदगी भी शायरी हो जायेगी।

अभिसार जैसा

आज कुछ ऐसा कहो मुझ को लगे जो प्यार जैसा,
आँख तुम ऐसे उठाओ जो लगे अधिकार जैसा।

तुम हमेशा रूठ जाते मैं ही बस हर दम मनाती,
प्रिय कमी तो तुम मनाओ जो लगे मनुहार जैसा।

फ़लक़ देखा तो मुझे रातों का मंजर भा गया,
तुम अमावस को करा दो चाँद के दीदार जैसा।

क्या कहूँ जानम मेरे मन में रही है एक चाहत,
तुम निहारो मुझ को ऐसे जो लगे इज़हार जैसा।

सच है हमदम मैंने तुम को इक इबादत माना है
फ़िर भला कैसे कहूँ तू पढ़ मुझे अखबार जैसा।

मेरी चाहत शबनमी बूँदों से भी मासूम प्रियतम,
इस लिये समझो इसे तुम बस मेरे इकरार जैसा।

गीत, ग़ज़ल, नज़्म और रुबाई कहते हो मुझे,
किन्तु जब मैं गाऊँगी वह है तेरे अशआर जैसा।

दरिया को यह समंदर क्या सजा पाये भला,
केवल हो कर तुम बनोगे झील के श्रृंगार जैसा।

कितनी मादक हैं सुगधे बेले की, और मोगरे की,
चलो ना! हम यूँ मगन हो जो लगे अभिसार जैसा।

मनाओ कभी

रूठने का मज़ा भी तभी आयेगा,
पास आकर हमें तुम मनाओ कभी।

ख़्वाब कितना हसीं क्यूँ न हो जानेमन!
आयेगा तो तभी, जब सुलाओ कभी।

ग़मे दरिया में कितने ही तूफ़ान हों,
आयेंगे हम तुरन्त तुम बुलाओ कभी।

मन का श्रृंगार पूरा तो तब होगा हाँ!
अपनी आँखों से हम को सजाओ कभी।

बंद पलकों ने मदहोश हम को किया,
ले के आग़ोश में तुम जगाओ कभी।

गुल महक़ जायेंगे इस शज़र में सुनो,
स ज़दे में हाथ तुम तो उठाओं कभी।

गीत बन कर सनम हम बिखर जायेंगे,
सुर में अपने हमें गुनगनाओ कभी।

जश्न जैसा समां चाँदनी लायी है,
इश्के महफ़िल में तुम आओ जाओ कभी।

सावन

सावन गीत कहाँ से गाये?
कि बदरा धोखा दे दे जाये।
देखो बहे न पुरवइया बयार,
लगे ना कहीं से गगन लाल लाल,
धरती के होंठ सूखे करे न पुकार
खेत कैसे जोते किसनवा?
गोरी पहने न धानी रंग चूनर,
हाँथों में नहीं धानी रंग कँगनवा।
मेंहदी रचाये री! कैसे ये गोरिया,
ताक झांक करे नहिं कारी बदरिया।
आ जाओ बदरा रूप दिखाओ ना!
रिमझिम फुहारों से तन मन भिगोओ ना।
कजरी भी गानी है मेंहदी रचानी है,
झूलों पे झूल कर हँसी खनकानी है।
अहा! देखो छायी री! कारी बदरिया,
झूम झूम झननन बरसे सवनवा!
मन भावन सननन चले पुरवइया!
सब सखी मिलकर रचा रही मेंहदी,
हरी हरी चूनर तो हरी हरी चूड़ी।
अँबर ने धरती का किया है श्रृंगार,
सुनी देखो बादलों ने सब की पुकार।

हम भी चलें

फूल राहों में बिछाओ तो हम भी चलें,
नगमा-ए-इश्क गुनगुनाओ तो हम भी चलें।

खिजां में रहने को मज़बूर कर दिया सबने,
फिजाँ बहारों दिखा दो, तो हम भी चलें।

क़तरा क़तरा चुराया है वस्ल का हमने,
तुम मुस्कुरा दो, तो फ़िर हम भी चलें।

बड़ी तारीफ़ तुमने की थी गुलो-गुलशन की,
थोड़ी शबनम ये पिला दो, तो सनम हम भी चलें।

चाँद की पुरसुकून, मुकद्दस है चाँदनी अपनी,
इस मोहब्बत को निभा दो, तो फ़िर हम भी चलें।

झलक

ज़िन्दग़ी हर मोड़ पर कुछ कुछ दिखाती ही रही,
चलो इस में देख लेंगे झलक हम भी प्यार की।

जब कभी आँखों की कोरों पर चमक दिख जायेगी,
चलो इस में देख लेंगे हम झलक अभिसार की।

बादलों के बीच जानम जब दिखे अंजुम कभी,
चलो इस में देख लेंगे हम झलक श्रृंगार की।

शफ़क़ की लाली भी होगी शबनमी आहट भी होगी,
चलो इस में देख लेंगे हम झलक अधिकार की।

अक़्स भी जब दूर होगा धुंधलका सायों पे होगा,
चलों इस में देख लेंगे हम झलक इंतज़ार की।

प्यार का क्षितिज

मैं दो उगलियों से अपनी आँखों को,
नहीं दबाना चाहती,
नहीं बंद करना चाहती,
मैं भागती हूँ नकारात्मक सोच से,
लेकिन अनजाने क्या हो जाता है?
एकांत पर अकेलापन क्यो छा जाता है?
मैं दर्द के हर दंश पर मुस्कुराती हूँ,
मैं हर पल को, जीवंतता देती हूँ।
लेकिन अनचाहे क्या हो जाता है?
आशा की बेल पर पीलापन छा जाता है।
मैं कुहासों का धुंधलका नहीं छाने देती हूँ,
मैं कभी सर्द हवाओं को नहीं मचलने देती हूँ।
लेकिन अनचाहे क्या हो जाता है?
ये भोर का सूरज क्यों छुप जाता है?
मैं थोड़ा सा गगन को नीचे झुका देती हूँ,
मैं धरती से उसका मिलन करा देती हूँ।
लेकिन अनचाहे क्या हो जाता है?
यह क्षितिज अचानक़ कहाँ खो जाता है?
मैं हर बार हर प्रश्न का उत्तर बन जाती हूँ,
मैं हर बार सुख की दुआ लेकर आती हूँ।
लेकिन अनचाहे क्या हो जाता है?

मेरा हमेशा सब कुछ खो जाता है।
समझ में आहिस्ता आहिस्ता आया है,
आज मैंने खुद को 'मैं' से 'हम' बनाया है।
सचमुच अब अनचाहे कुछ नहीं होता है,
प्यार का क्षितिज अब कहीं नहीं खोता है।

दो घड़ी के लिये

ज़िन्दग़ी को नये ढंग से जी लेंगे हम,
पास हो तुम अग़र दो घड़ी के लिये।

बंदगी को नया रंग दे देंगे हम,
पास हो तुम अगर दो घड़ी के लिये।

लम्हे भर को भी ग़म संग ना लेंगे हम,
पास हो तुम अग़र दो घड़ी के लिये।

कहकशाँ मांगकर तंग करेंगे ना हम,
पास हो तुम अग़र दो घड़ी के लिये।

हर खुशी पाने का ढंग सीखेंगे हम,
पास हो तुम अगर दो घड़ी के लिये।

मदहोशी भी अंग से लगायेंगे हम,
पास हो तुम अगर दो घड़ी के लिये।

मौत से भी सनम जंग छेड़ेंगे हम,
पास हो तुम अग़र दो घड़ी के लिये।

तुम न कहना कि बदलाव से दंग हम,
क्यों कि पाया तुम्हें दो घड़ी के लिये।

कमी दोस्तों

हर तरफ़ कोई नज़रों से बहका गया
मेरे जानिब बची बस कमी दोस्तों

पाल ली यह तमन्ना न कुछ मैं कहूं
फ़िर तो हर ग़म ने दे दी नमी दोस्तों

साथ जितना दिया कोई शिकवा नहीं
किन्तु आगे हमेशा थी धुंध दोस्तों

सर्द रातों का सज़दा भी करती रही
भोर में भी न शबनम दिखी दोस्तों

कैसे ढूढूं चमन मैं कू-ए-यार की
लम्हा लम्हा भटकती रही दोस्तों

क़तरा क़तरा सहेजे गयी पलकों पर
आंख से बह गयी हर खुशी दोस्तों

महकने दो

कभी शायद सलीका मेरे लफ़्ज़ों में मिल जाये
मुझे अनजान मत समझो मुझे भी कुछ तो कहने दो

मुसाफिर हूं फरक इस से भला पड़ता है क्या जानम
इसी दुनियां की हूँ मानों इसे और साथ चलने दो

कभी दरिया में लहरें हैं कभी सागर की मौजें हैं
सफीना डगमगाये उसको खुद ही खुद सम्हलने दो

न जाने अर्श पर हो कौन, जाने फर्श पर हो कौन
सितारे हो या जुगनू हों, दुआ देकर चमकने दो

ये गुलशन है, बहारां है, पंख तितली के रंगीं हैं
तभी कांटे हटा कर राह से, गुल को महकने दो

आकार दे दूं

तुम कहो तो लेखनी
को मैं नया आकार दे दूं

जो लिखूं वह बंध ना हो
मैं नया संसार दे दूं

मुक्ति की संभावना को
शब्दों का संसार दे दूं

होंठों से मैं कुछ न बोलूं
आँखों को अधिकार दे दूं

दर्द आंसू बन न जायें
कागज़ों को प्यार दे दूं

मीत तुम बस मुस्कुरा दो
स्याही को उपहार दे दूं

चाहती हूं

आसमां संग बादलों का रंग मिलाना चाहती हूं
मीत मेरे आज तुम तक मैं पहुंचना चाहती हूं

क्षितिज के उस छोर पर छोटा घरौंदा ही बना कर
साथी उसमें मैं तुम्हारे साथ रहना चाहती हूं

नींद से बोझिल तुम्हारी अधमुंदी पलकें दिखी हैं
बंद नयनों में मदिर मैं स्वप्न बनना चाहती हूं

प्रकृति के सुकुमार से इन सात रंग की ओढ़नी ले
लाज की पायल पहन श्रंगार करना चाहती हूं

शब्द जो कुछ लटपटे हैं गीत उन का मैं बना कर
मैं तुम्हारे सामने वह गुनगुनाना चाहती हूं

चांदनी को मैं चुरा कर तारों की यह छांव ले कर
अपनी आंखें बंद कर तुम को सुलाना चाहती हूं

रात्रि का अंतिम प्रहर है ख़्वाब में तुम मुस्कुराते
इन्हीं सब के साथ अंतिम नींद सोना चाहती हूं

इंतज़ार

कौन करता है भला इतनी
शिद्दत से इंतज़ार
भोर की अठखेलियों का,
ढलती हुई शाम का,
आती हुई रात का,
रात के बहकने का,
कौन करेगा मेरी तरह इंतज़ार
भरी पूरी गुदाज रातों को
नींद से बोझिल पलकों पर
ठहर जाता काश कोई ख्वाब,
नहीं करेगा कोई मेरी तरह इंतज़ार
शाख़ पे झूमते फूलों पर
हौले हौले ठिठकती शबनम का
न करे कोई लेकिन मुझे है इंतजार
रिमझिम सी बारिश में
आँसुओ के बह जाने का
सावन के आने का
हां मुझे शिद्दत से है इंतज़ार
बहकती हुई ज़िन्दगी है
मिलती हुई सांसे सांसों से धड़कन
धड़कन में पुलकन

पुलकन में जीवन
सच!! कितना प्यार भरा इंतज़ार
इन सब के साथ मेरे आगोश में
तुम्हारे लौट के आने का
और फ़िर कभी नहीं जाने का
बहुत बहुत रूमानी इंतज़ार
आख़िर में अनहद नाद और
आनंद भरे संगीत का
संगीत से उन मिलती दुआओं का
बस इंतजार! !! इंतजार! !!! इंतजार! !

त्योहार

तुम आओगे जिस दिन मेरा उस दिन ही त्योहार है
यही समझ लो मेरी तो बस इतनी सी मनुहार है

शब्द मेरे चंचल होंगे तब मीत गीत बन जायेंगे
और कहेंगे मुझे मिल गया मेरा जो संसार है

सुबह की लाली, फूलों पर तुहिन कणों की यह शोभा
कहती साथी, कुछ शरमा कर, यही मेरा उपहार है

मेरा मन थोड़ा सा विचलित, बंद ये आंखें सोच रहीं
प्रिय यह तुम हो, या फिर कोई स्वप्न लिये आकार है

नयन उघारे बांह पसारे मैं आगे जब बढ़ आयी
पाया अपने पास तुम्हें तब लगा आज त्योहार है

दीप

जो झिलमिलाते हुए जले,
एक बस एक दीप मुझे भी
जलाना है।
काश मैं उस दीप का स्नेह
बन सकती
जो झिलमिल दीप मुझे ही
जलाना है
हां वेदना से परे, आक्रोश से विलुप्त
नम्रता की स्मित, कोमलता का माधुर्य
ऐसा ही एक दीप मुझे
जलाना है
मुझे छू न सके किसी का झूठा आवरण
किसी के भी कांपते क्रोध का झंझावात
जो झिलमिल दीप शांति की
लौ बन कर मन को स्निग्ध रखे
एक ऐसा ही दीप
मुझे जलाना है   .
हर छद्म रूप को जो भेद सके
हर मुखौटे की जो हटा सके
असलियत को जो दिखा सके
बस झिलमिल करता

वही एक दीप ही
मुझे जलाना है
मेरे प्यार की समिधा को
जो सुगंधित रख सके
उन में प्रेम की ऋचाएं
भर सके
हां वही एक दीप मुझे
झिलमिल करता हुआ
जलना है

मैं

मैं स्वयं में क्या हूं
मुझे आज तक पता नहीं
कभी कुछ शब्द होंठों पर आये
तो दुनिया ने ऐसे आंख दिखाई
कि शब्द निकलने से पहले डर गये
और होंठ खाली लरज़ गये
हां फिर मैंने तुम्हारी तरफ देखा
बहुत अपने थे ना बस इस लिये
लेकिन मेरे हिस्से में जो कुछ
शब्द लगता था हैं
ओह!उन की तो मौत हो गयी थी
मैं निराश क्या होती
मैं टूट कर खील खील होकर
बिखर गयी
चहुं दिस देखने लगी
सब कुछ वैसे का वैसा था
कहीं कोई फर्क नहीं आया
फ़िर मैंने आहिस्ता से आँखें
मूंद लीं हमेशा के लिये!!!

नया ठिकाना

रौशन जो देखा तुमको कर बैठी बुतपरस्ती
तुम को क़सम है मेरी बुतख़ाना तुम बनाना

इस दूसरे में ही हम तुम महफूज रह सकेंगे
लिल्लाह! मत बनाना, कोई नया ठिकाना

होंठों पे तिश्नगी का कहीं नाम तक न होगा
शबनम का क़तरा क़तरा सीखूंगी मैं चुराना

यह चश्मेपुरनम बस अब बहने को मचलती है
कुछ देर ठहरो जानम मय तुम ये पी के जाना

देखों ज़रा समंदर क्या जश्न कर रहा है
हम तुम हैं सफ़ीना फ़िर क्या रहा बचाना

स्वप्न का आकार

ज़िन्दगी का बस रहा संसार है,
स्वप्न अपना ले रहा आकार है।

अब न कुछ भी सोचना नैराश्य में,
जो मिला है वह मेरा अभिसार है।

किस तरह यह तुहिन कण मेरे हुए,
सनम सचमुच यह मेरा श्रृंगार है।

तुम न कुछ समझो कोई अंतर नहीं,
मुझ को जो मिल गया, अधिकार है।

यह रंगीले पुष्प अर्पित हैं मगन हैं,
मिले हैं, मिलना जो था दुश्वार है।

रातों की ग़र तुम उदासी लाओगे,
मैं करूँगी बस वही प्रतिकार है।

इस लिये प्रिय तुम सुखों की राह लो,
बंधनों से मुक्ति भी मुझे को हुई स्वीकार है।

मेरा जीवन

क्या समझी तुमने?
मेरे जीवन की परिभाषा-
युगों-युगों से लम्बी है।
फ़िर भी तुम इस को भरते हो,
कभी आँखों में आये,
आँसुओं से, तो कभी-
निर्झर बहती जल धारा से।
आख़िर क्या चाहा है तुमने?
मुझसे-
मैं क्या लगी तुम्हें?
तुम एक श्वास भरोंगे-
और मैं बस यूं ही?
उस में समा जाऊँगी।
ग़लतफ़हमी का शिकार हो तुम!
मैं बहती धारा नहीं हूँ,
मैं हूं वह बहती नदी-
जो सभी कुछ बहा भी ले जाती है।
इस लिये मुझे,
उन्मुक्त रहने दो।
तुम वह नहीं,
जो बंध बांध सको।

लिखी है

न तुम भूल पाये न मैं भूल सकती,
कहीं पर तो थोड़ी वसीयत लिखी है।

ज़हाँ है मोहब्बत वो घर है खुदा का,
तभी तो वहाँ पर इबादत लिखी है।

फ़लसफ़ा मैं पढ़ती रही ज़िन्दगी का,
मुक़द्दर ने हँस कर क़यामत लिखी है।

कहीं गुल से गुलशन ये खिलने लगेंगें,
इसी से किसी ने नज़ारत लिखी है।

मुक़द्दस सी चाहत को चाहत तुम्हारी,
खुदाया! ये फिर क्यों अज़ीयत लिखी है।

हिज़ाब हौले से है जो सरकाया तुमने,
चेहरे पे तेरी ये कुर्बत लिखी है।

कलम तोड़ दी तो फरक है पड़ा क्या
अश्कों से हमने इबारत लिखी है।

शफक का तबस्सुम या शब का अँधेरा!
जनाब! तुम को मेरी ज़रूरत लिखी है।

फ़िदाए लखनऊ

अदब, तहज़ीब और मीठी जुबान रखते हैं

हुजूर! लखनऊ के! हैं जुबां पे 'पहले आप' रखते हैं।

हज़ारों शहरों से आप रूबरू होंगे,

नवाबी मिजाज़ में हिंदी, उर्दू भी चलते हैं।

यहाँ तो भाई जान, आपा जान सुनने की आस है।

उमंग भरी सुबह है, रंगीनियों की शाम है,

जनाब यह एक लख़नवी शान है।

बेग़म हज़रतमहल, वाज़िद अलीशाह का आज भी अंदाज़ है,

तभी तो कवि सम्मेलन, मुशायरों का अभी भी आगाज़ है।

तरक्की के दौर में भी पतंगबाजी और संगीत का अधिकार है,

जनाब! यही तो लखनऊ की जानी मानी बहार है।

सही जग़ह पहुँचे हैं यह है चौक और नख़्खास,

महफ़िलें नहीं अब यहाँ है चिकन और जरदोज़ी का राज।

इमाम बाड़ा, रूमी दरवाज़ा और रेजीडेंसी हैं गर पुरानी आन,

तो शहीद स्मारक भी बढ़ाता है शहीदों की शान।

शर्मा की चाय, चटोरी की चाट,

रहीम के कुलचे, टुंडे के क़बाब।

जीभ ही नहीं, दिल की तसल्ली होगी संग,

जब प्रकाश की कुल्फ़ी आप को देगी नया रंग।

होग़ी दिल्ली दिल वालों की,

यहाँ तो इश्क की धड़कन है!!

अदबो अदब का शहर है यह,
अपनी ही अदा का परचम है।
जो भी आता है, यह शहर एहतराम करता है,
हाँ जी! यह शहर सब को सलाम करता है।
तो जनाब! लखनऊ में है ना!
मुस्कुराना तो बनता है!!!!!!

आज तो

रात पूनो की खिली है आज तो,
चाँद से यह जा मिलेगी आज तो।

खुशगवारी कुछ मिली हम को अभी,
चाँदनी श्वेतांबरा दिखने लगी है आज तो।

रात रानी की सुगंधे बिखर गयी है इस तरह,
शर्म से वह लाजवंती हो गयी है आज तो।

तुम मुसाफ़िर मैं मुसाफ़िर फिर भला क्या सोचना?
खिलिखिला लें चंद लम्हों के लिये ही आज तो ।

गगन धरती पर न उतरे तो मलाल रखना ही क्या,
क्षितिज के उस पार हम मिल कर चलेंगे आज तो।

मुस्करा दो, गुनगुना दो, छेड़ दो प्यारी सी धुन,
हम इसी से सँवर लेंगे मीत सच ही आज तो ।

हमने तो श्रृंगार करने के लिये सोचा नहीं,
प्रकृति ने हम को श्रृंगारित, किया है आज तो।

गुफ़्तगू

ऐसी शिद्दत प्यार तुम को समझ आती नहीं,
बावफ़ा को बेवफ़ा कहते झिझक आती नहीं,
हम भी दिल की कह सकेंगे हाँ जनाब!!
गुफ़्तगू होगी हमारी जब कभी!!

तुम बहानों पर बहाने बस हमें देते रहे,
और उन को हम हमेशा ही सही कहते रहे,
किन्तु अब हम भी सुनायेंगे सनम,
गुफ़्तगू होगी हमारी जब कभी! !

दिन, महीने, साल आँखों में कटे,
फिर भी हम तो राह ही तकते रहे।
किन्तु अब हम भी तो पूछेंगे सबब
गुफ़्तगू होगी हमारी जब कभी! !

हम बियाबानों में चलते ही गये,
बन लचीली शाख झुकते ही गये,
कैसे तुमने आजमाया यह भी जानेंगे जरा
गुफ़्तगू होगी हमारी जब कभी!!

गौरैय्या

मैं भी रही बाबुल के अंगना

फुदकती रही गौरैय्या की जैसी

रंग बिरंगे कपड़ों से सजी तितली जैसी

न जाने कब समय बदला कुछ नहीं पता

पंख कट गये, पर भी नुच गये

मैं मासूम अंसुवन भरी आंखों से

सब कुछ देखती ही रह गयी

आया कैसा यह हवा का झोंका

और मैं बिखरती ही चली गयी

सब कुछ बदल गया मैं बंध गयी

कंगन, चूड़ी, पायल के बीच

पड़ गयी यह हथकड़ी और बेड़ी

मैं सहमी हुई सी बस रही खड़ी

सुख दुःख सभी कुछ अपने नहीं रहे

उन्मुक्त खिलखिलाहट मुस्कान बन गयी

वह दौड़ना, भागना, अमराइयों की सुगंध सब गयी

बहुत से रिश्ते मिले लेकिन मैं तो मैं नहीं बची

बांट लिया सबने अपने अपने ढंग से

और मैं उन सब में बंट कर खुद से

जुदा हुई

बाबुल तेरी फुदकती गौरैय्या पिंजरे में बंद हो यगी
आज तक कुछ भी न भूल सकी
सब की हंसी में हंसी सब के रोने में रोयी
फिर भी मैं खुद में खुद को समेटे
शून्य हो गयी